MARIE DEVEAUX

TOUT SAVOIR SUR LES CHEVAUX ET PONEYS

FLEURUS

Textes : Marie Deveaux
Direction : Guillaume Pô
Direction éditoriale : Emmanuelle Braine Bonnaire
Édition : Lucie Pouget
Direction artistique : Maïté Dubois et Mélissa Chalot
Graphisme : Hélène Léonard
Direction de fabrication : Thierry Dubus
Fabrication : Audrey Bord
Le contenu de ce livre a précédemment été publié dans *Voir avec un drone – Les chevaux*
édité par Juliette Magro.

57, rue Gaston-Tessier, CS 50061, 75166 Paris Cedex 19
www.fleuruseditions.com
Loi n°49-956 du 16 juillet 1949 sur les publications destinées à la jeunesse,
modifiée par la loi n°2011-525 du 17 mai 2011.

Dépôt légal : avril 2021
1re édition
ISBN : 978-2-215-17572-8
Code MDS : FS75728
Numéro d'édition : J21099

Achevé d'imprimer par Rotolito en Roumanie en février 2021.
Ce livre est imprimé avec des encres respectant les normes écologiques et de sécurité en vigueur
sur des papiers PEFC™ respectueux de l'environnement.

PEFC
PEFC/46-31-13
Certifié PEFC
Ce produit est issu de forêts gérées durablement et de sources contrôlées
www.pefc-france.org

SOMMAIRE

UNE LONGUE HISTOIRE

Les dinosaures ont disparu depuis dix millions d'années quand l'*Hyracotherium* fait son apparition sur Terre. On pense qu'il s'agit du plus ancien ancêtre des chevaux. Il est suivi de nombreux autres spécimens tout au long de la Préhistoire.

Hyracotherium apparaît il y a 55 millions d'années. C'est un tout petit animal à la tête allongée qui mesure 40 cm au **garrot** et pèse moins de 10 kg. Ses pattes sont pourvues de quatre doigts aux membres antérieurs et de trois aux postérieurs. Il vit dans les immenses forêts qui recouvrent alors une majeure partie du monde, et se nourrit de feuilles tendres et de fruits.

Mesohippus fait son apparition quelque 20 millions d'années plus tard. C'est un animal plus grand, il mesure 70 cm et ses pattes sont longues. Il n'a plus que trois doigts et se tient sur son doigt majeur pour marcher.

Merychippus arrive 15 millions d'années après. Il mesure presque 1 m au **garrot** et deux de ses doigts commencent à s'atrophier. Certains pensent qu'il ruminait, mais on n'en est pas sûr.

Pliohippus arrive il y a 5 millions d'années. Il mesure 1,20 m au **garrot** et possède des membres longs et minces qui lui permettent d'être très rapide. Il a un seul doigt qui ressemble de plus en plus à un sabot.

Equus mesure 1,50 m et il est le premier à avoir un vrai sabot. Il vit en Amérique du Nord il y a plus d'un million d'années, mais disparaît du continent jusqu'à ce que les **conquistadors**, découvreurs de l'Amérique, amènent des chevaux avec eux au XVe siècle.

ADAPTATION

Au fil du temps, Equus *évolue pour s'adapter à son environnement. Quand les forêts disparaissent, sa taille augmente pour lui permettre de voir plus loin et de repérer les* **carnivores** *qui le chassent. Il acquiert des dents plus solides car les herbes sont devenues plus dures. Il galope plus vite pour échapper à ses poursuivants.*

DE NOMBREUX COUSINS

La famille des descendants d'*Equus* comprend les chevaux, les ânes et les zèbres. Ce qui caractérise ces mammifères, c'est qu'ils ont un doigt unique et sont herbivores, tout en n'étant pas des ruminants.

LES SURVIVANTS

Parmi les équidés, on distingue les espèces domestiques des espèces sauvages, dont beaucoup sont en voie de disparition. Seules quelques-unes ne sont pas éteintes : le cheval de Prezwalski, deux espèces d'ânes et trois espèces de zèbres. Il existe deux espèces domestiques : les chevaux domestiques et les ânes domestiques ou communs.

SAUVÉ DE JUSTESSE

Le cheval de Przewalski, découvert en Mongolie en 1880, a été domestiqué il y a près de 5 500 ans avant de retourner à l'état sauvage. Petit, il mesure 1,30 m en moyenne au **garrot**, il a un aspect massif. La race n'a survécu que dans les zoos jusqu'aux années 1990. Depuis, il est protégé et a été réintroduit en France dans un parc en semi-liberté, avant d'être réimplanté dans son pays d'origine.

UN LOINTAIN ANCÊTRE

Le tarpan, ce petit cheval d'environ 1,30 m au **garrot** et à la robe grise, existait encore à l'état sauvage vers 1880, puis il a disparu. On l'a longtemps considéré comme l'ancêtre de la plupart des races actuelles.

EN DANGER

L'hémione était autrefois très présent dans une grande partie de l'Asie. Mesurant entre 1,20 m et 1,40 m au **garrot**, il a une robe beige clair et possède une raie noire le long de la colonne vertébrale, tout comme l'âne sauvage d'Afrique qui, lui, est officiellement en voie d'extinction.

SAUVE QUI PEUT !

Le zèbre peut galoper jusqu'à 60 km/h pour échapper à un prédateur. On ne sait pas vraiment si ses rayures lui servent à échapper aux piqûres des insectes, à brouiller la vue de ses poursuivants, à supporter les fortes chaleurs .. Les trois espèces de zèbres sont le zèbre de Burchell ou zèbre des plaines, le plus commun, le zèbre des montagnes et le zèbre de Grévy.

LES ÂNES RECONNUS

Sept races d'ânes communs sont ***homologuées*** *en France : l'âne bourbonnais, l'âne de Provence, l'âne des Pyrénées, l'âne du Cotentin, l'âne grand noir du Berry, l'âne normand et le baudet du Poitou*

DU POULAIN AU CHEVAL

La jument porte son poulain pendant onze mois avant de mettre bas. Le poulain devient autonome très rapidement. Il lui faut moins d'une heure pour se tenir debout et moins d'un quart d'heure de plus pour faire ses premiers pas. Puis, quelques heures lui suffisent pour savoir galoper.

LA MÈRE ET SON PETIT

À la naissance, la jument s'occupe de son petit et l'aide à faire ses premiers pas. Elle s'imprègne de l'odeur de son nouveau-né qui lui aussi enregistre celle de sa mère. C'est à cette odeur qu'il va d'abord la reconnaître. Puis, au cours de ses trois premières semaines, il devient capable d'identifier le son de ses hennissements et la couleur de sa robe. Il reste près d'elle plusieurs mois avant de rejoindre peu à peu les autres poulains.

DU LAIT À L'HERBE

Une heure après sa naissance, le poulain boit sa première gorgée de lait. Il tête tous les quarts d'heure jusqu'à huit mois, puis toutes les deux heures. Dans les élevages, les poulains sont sevrés ; on les sépare de leur mère pour qu'ils cessent de boire leur lait. Dès leur cinquième jour, ils découvrent le goût de l'herbe, puis broutent régulièrement dès la fin de leur premier mois. Lorsque les chevaux vivent dans la nature, la tétée peut se poursuivre jusqu'à l'arrivée du petit suivant.

DEVENIR ADULTE

Dans les premières semaines, le poulain peut grossir de 2 à 3 kg par jour. Son poids double au cours de son premier mois, et triple le mois suivant avant de se stabiliser. Il grandit lentement et, selon sa race, il atteint sa taille définitive entre cinq et sept ans. On considère qu'il est dans la force de l'âge de sept à quatorze ans. La durée de vie moyenne des chevaux est d'environ vingt ans, en fonction de leur race et de leur mode de vie, bien sûr.

CHACUN SON NOM

Le petit mâle est un poulain. La petite femelle est une pouliche. Le poulain est appelé « foal » tant qu'il n'a pas atteint un an et qu'il n'est pas séparé de sa mère. Adulte, la femelle est appelée jument. Le mâle est un étalon. S'il est castré, c'est-à-dire si on lui a retiré ses organes de reproduction, il est appelé « hongre ». Aussi appelle-t-on « entier » un étalon qui n'a pas été castré.

LE CORPS DU CHEVAL

Parce que le cheval est très proche de nous, les mots employés sont souvent les mêmes que ceux du corps humain. Pourtant, ils ne désignent pas toujours la même chose. Ainsi, l'avant-main et l'arrière-main n'ont rien à voir avec tes mains, mais désignent deux des trois parties de la silhouette du cheval.

La vitesse, la souplesse et la puissance du cheval s'expliquent par les particularités de sa morphologie. La configuration de son squelette nous le montre.

❶ **La colonne vertébrale**, très longue, donne au cheval un profil allongé favorisant une bonne pénétration dans l'air.

❷ **Les phalanges** qui composent le doigt unique du pied rendent les membres plus légers.

❸ **Les vertèbres caudales** de la queue, minuscules et nombreuses (de 15 à 18), la rendent très souple.

❹ **Les sept vertèbres cervicales** permettent à l'encolure qui est ainsi longue et souple de faire balancier.

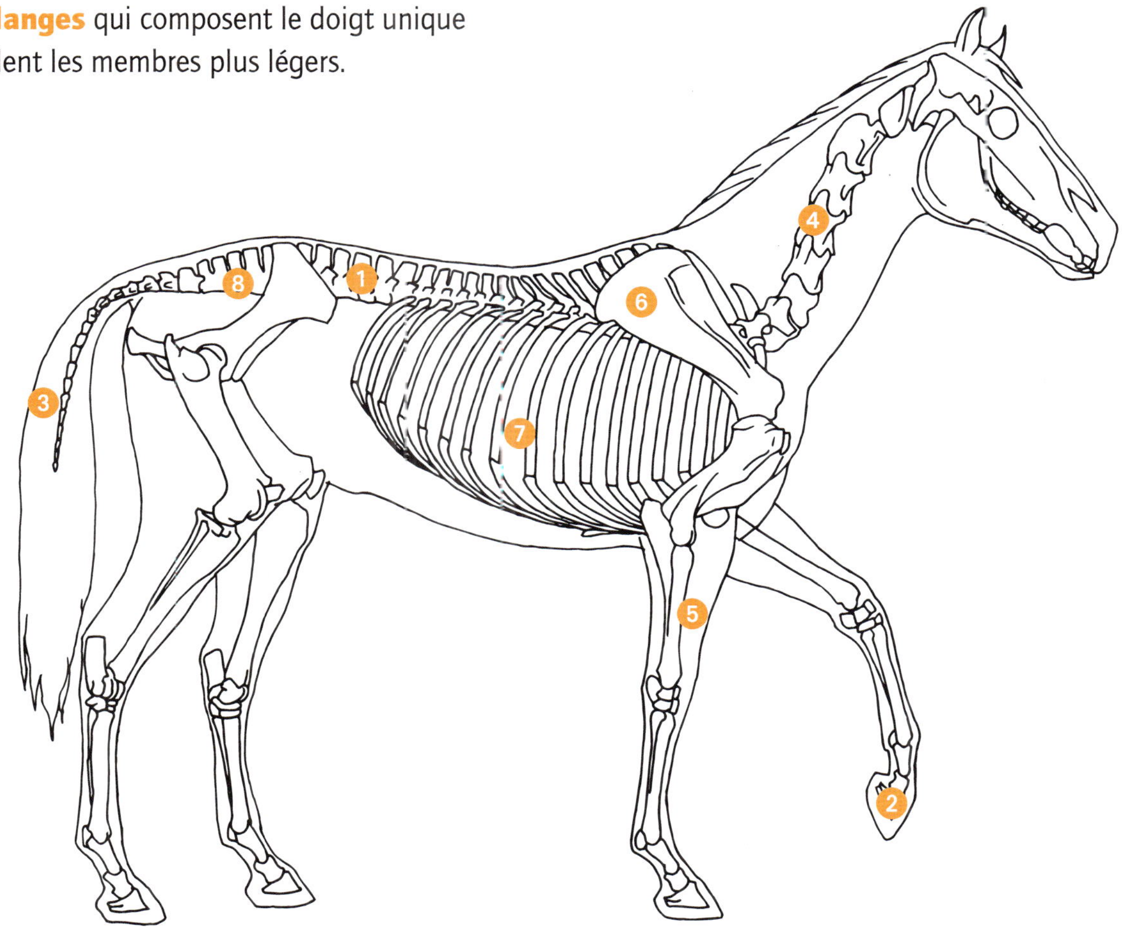

❺ **Radius, métacarpiens, tibia, métatarsiens** : ces os des jambes sont très allongés, permettant au cheval de faire de grandes foulées.

❻ **L'omoplate** est directement reliée au sternum, ce qui simplifie le mouvement en avant.

❼ **Les vertèbres thoraciques** donnent de la souplesse au dos qui joue le rôle d'amortisseur.

❽ **Les vertèbres lombaires** transmettent la puissance donnée par les muscles des cuisses directement à l'ensemble du corps.

UN PEU DE VOCABULAIRE

Le cheval n'a pas de pattes mais des jambes, pas de gueule mais une bouche, pas de cou mais une encolure, pas de museau mais un nez, pas de narines mais des naseaux. Les jambes sont aussi appelées membres postérieurs (ou postérieurs tout court), les bras membres antérieurs (ou antérieurs tout court).

DES PIEDS EN PLEINE FORME

Même s'il peut supporter un poids de plus d'une tonne, le pied du cheval est fragile. Son anatomie est complexe, elle lui permet de porter son propre poids, celui du cavalier et des équipements, d'amortir les chocs mais aussi de se propulser. Il faut donc en prendre grand soin dès son plus jeune âge.

DES PIEDS FRAGILES

Les cailloux et la terre qui s'amassent autour de la fourchette (voir illustration ci-dessous) doivent être retirés régulièrement, car ils risquent de blesser le cheval. À cette occasion, il faut vérifier l'état du sabot. Il est fait en corne, comme tes ongles. Il pousse tout le temps (environ 1 cm par mois) et même si la corne est dure, elle s'use quand le cheval marche. S'ils travaillent beaucoup, les sabots vont s'user plus vite qu'ils ne poussent. On met donc des fers.

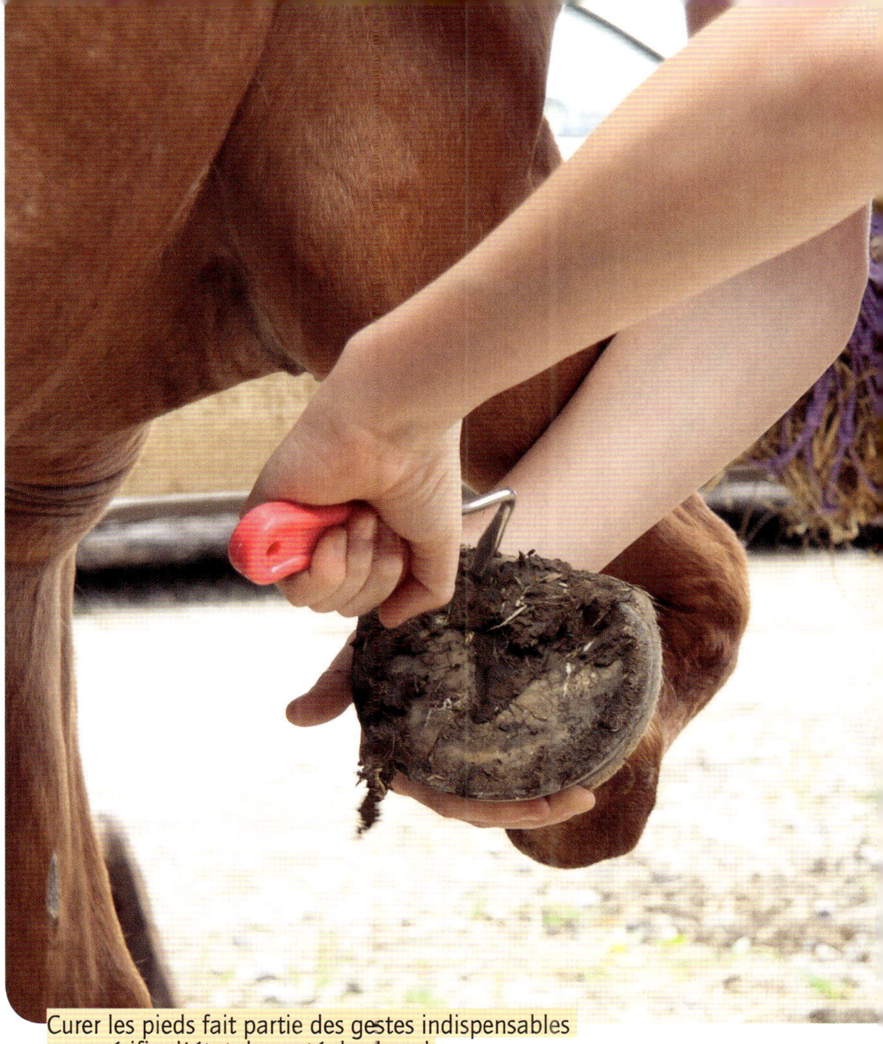
Curer les pieds fait partie des gestes indispensables pour vérifier l'état de santé du cheval.

DES SOINS ADAPTÉS

C'est le maréchal-ferrant qui pose les fers et les changent régulièrement. Il s'occupe également du parage, c'est-à-dire de l'entretien du sabot, et connaît l'anatomie des pieds du cheval sur le bout des doigts.

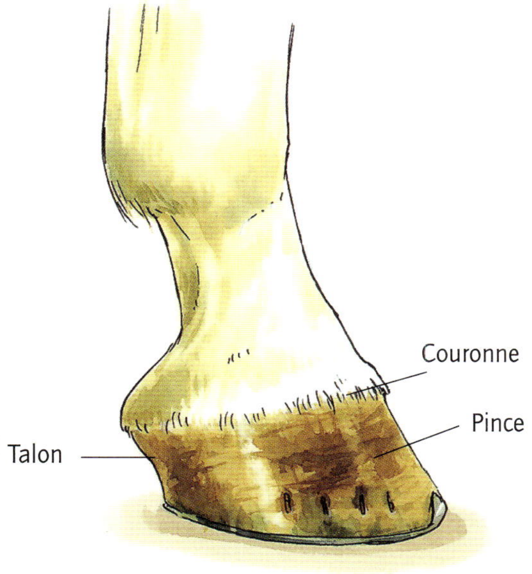

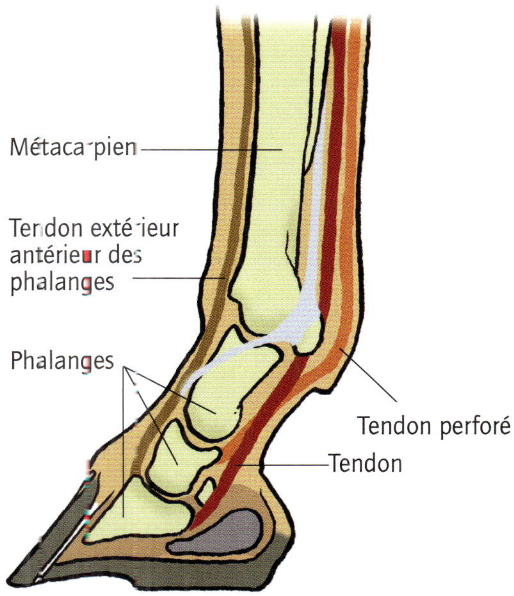

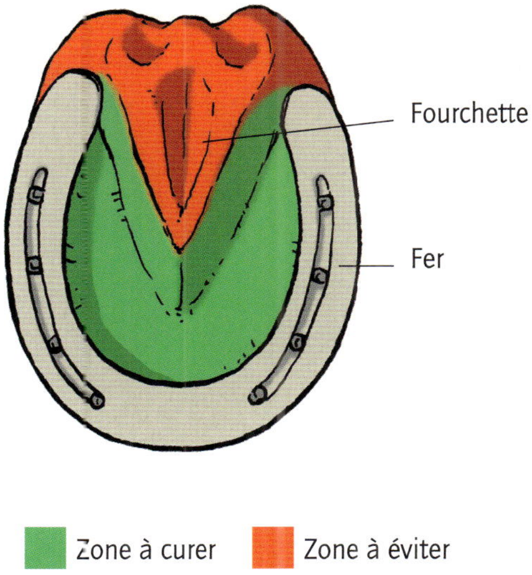

Structure externe du pied

Structure interne du pied

Zone à nettoyer

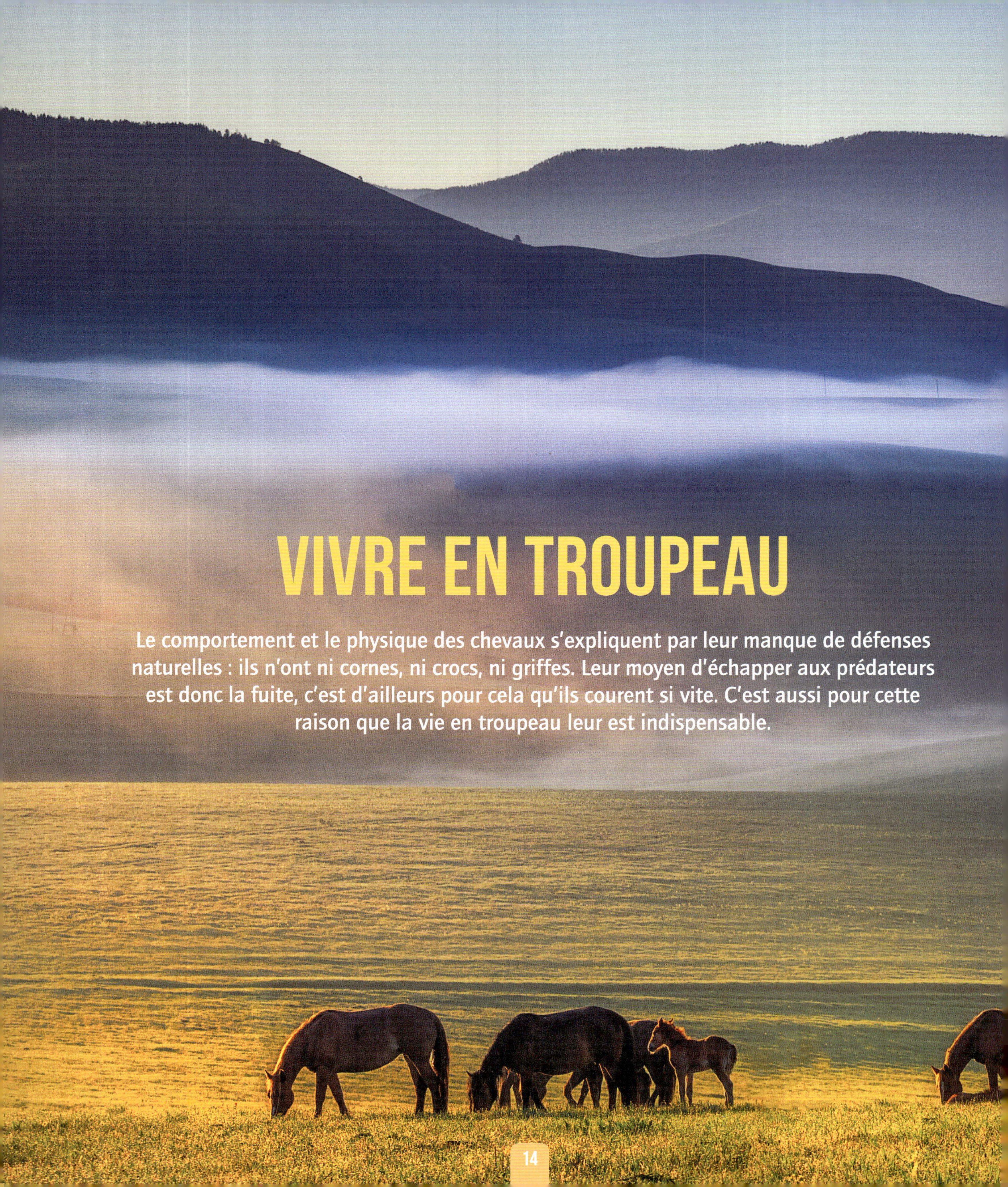

VIVRE EN TROUPEAU

Le comportement et le physique des chevaux s'expliquent par leur manque de défenses naturelles : ils n'ont ni cornes, ni crocs, ni griffes. Leur moyen d'échapper aux prédateurs est donc la fuite, c'est d'ailleurs pour cela qu'ils courent si vite. C'est aussi pour cette raison que la vie en troupeau leur est indispensable.

DES ANIMAUX GRÉGAIRES

Dans la nature, les chevaux doivent vivre en groupe pour qu'un ou plusieurs d'entre eux puissent faire le guet pendant que les autres mangent ou se reposent. Les chevaux domestiques ont conservé ce comportement. Le cheval est donc ce qu'on appelle un animal **grégaire**. Pour communiquer avec ses congénères, il a toute une gamme de possibilités.

UNE VIE DE FAMILLE

Les chevaux sauvages se regroupent en cellule familiale constituée généralement d'un étalon, de plusieurs juments et de leur progéniture. C'est la plus vieille jument qui dirige le groupe, l'étalon assurant la protection de la famille. Quand ils atteignent deux ou trois ans, les mâles quittent le groupe et vivent entre eux trois ou quatre ans avant de créer une nouvelle famille. Les pouliches partent avec un étalon à partir de trois ans.

QUESTION D'ORGANISATION

Les chevaux domestiques ne peuvent pas reproduire l'organisation sociale de leur vie sauvage.
Leurs relations et leur hiérarchie sont donc différentes mais il y en a toujours un qui prend la tête du groupe avec lequel on les met au pré. On parle de rapport de type dominant/dominé.

UNE BONNE COMMUNICATION

Pour échanger avec ses congénères, mais aussi avec son environnement (par exemple avec un être humain), le cheval adopte des postures qu'il est important de comprendre. La position de ses oreilles est un bon indicateur, mais aussi la façon dont tout son corps peut se crisper ou se détendre.

DES SENS EN ÉVEIL

Certains de ses sens aident le cheval à se protéger. Par exemple, son ouïe, très fine, l'avertit du moindre danger. Son odorat très développé lui permet de reconnaître ses compagnons et aussi sa nourriture.

DE VRAIS DÉTECTEURS

Grâce aux vingt muscles de ses oreilles, le cheval peut tourner chacune d'elles sur 180 °. Il les oriente vers le bruit et détecte ainsi d'éventuels dangers. Par ailleurs, il perçoit des sons graves et surtout des sons aigus que l'être humain n'entend pas. Ainsi, il sent l'arrivée d'un orage parce qu'il a entendu le grondement du tonnerre bien avant toi.

Les oreilles dressées, le cheval est aux aguets.

La lèvre supérieure largement retroussée pour mieux flairer la présence d'une jument ou d'un nouveau-né, ce cheval fait ce qu'on appelle un flehmen.

UNE SENSIBILITÉ EXTRÊME

La tête et le dos du cheval sont beaucoup plus sensibles que ses jambes. Il sent le moindre insecte qui se pose sur son dos et peut faire frémir sa peau grâce à des petits muscles superficiels.
Le bout de son nez et ses lèvres sont aussi extrêmement sensibles.

UN SUPER NEZ

Le cheval a un odorat extrêmement plus aiguisé que celui de l'être humain. Il identifie amis et connaissances grâce à leur odeur et reconnaît les plantes qu'il va manger à leur parfum. Il se sert aussi de ce sens pour reconnaître une femelle qui est prête à faire des petits.

Les vibrisses sont des poils ultrasensibles, dont le cheval se sert pour identifier ce qu'il ne peut pas voir. Il ne faut jamais les couper.

HISTOIRE DE GOÛTS

Ses ***papilles gustatives*** *permettent au cheval de distinguer le sucré, le salé, l'amer et l'acide ainsi que d'identifier les aliments qui lui conviennent ou ceux qui sont dangereux pour lui. Le sucre est une saveur qu'il n'aime pas particulièrement à l'état naturel. Ce sont les humains qui l'ont habitué à ce goût.*

UNE VUE OPTIMALE

Sa longue encolure permet au cheval de regarder autour de lui à 360 °. En revanche, il y a deux zones où il ne voit rien. C'est à cause de la zone aveugle arrière qu'il ne faut jamais l'approcher par-derrière sans l'avertir. Quant à la zone aveugle qui est sous sa tête, il a heureusement de longs poils appelés vibrisses grâce auxquels il perçoit ce qui se trouve sous son nez.

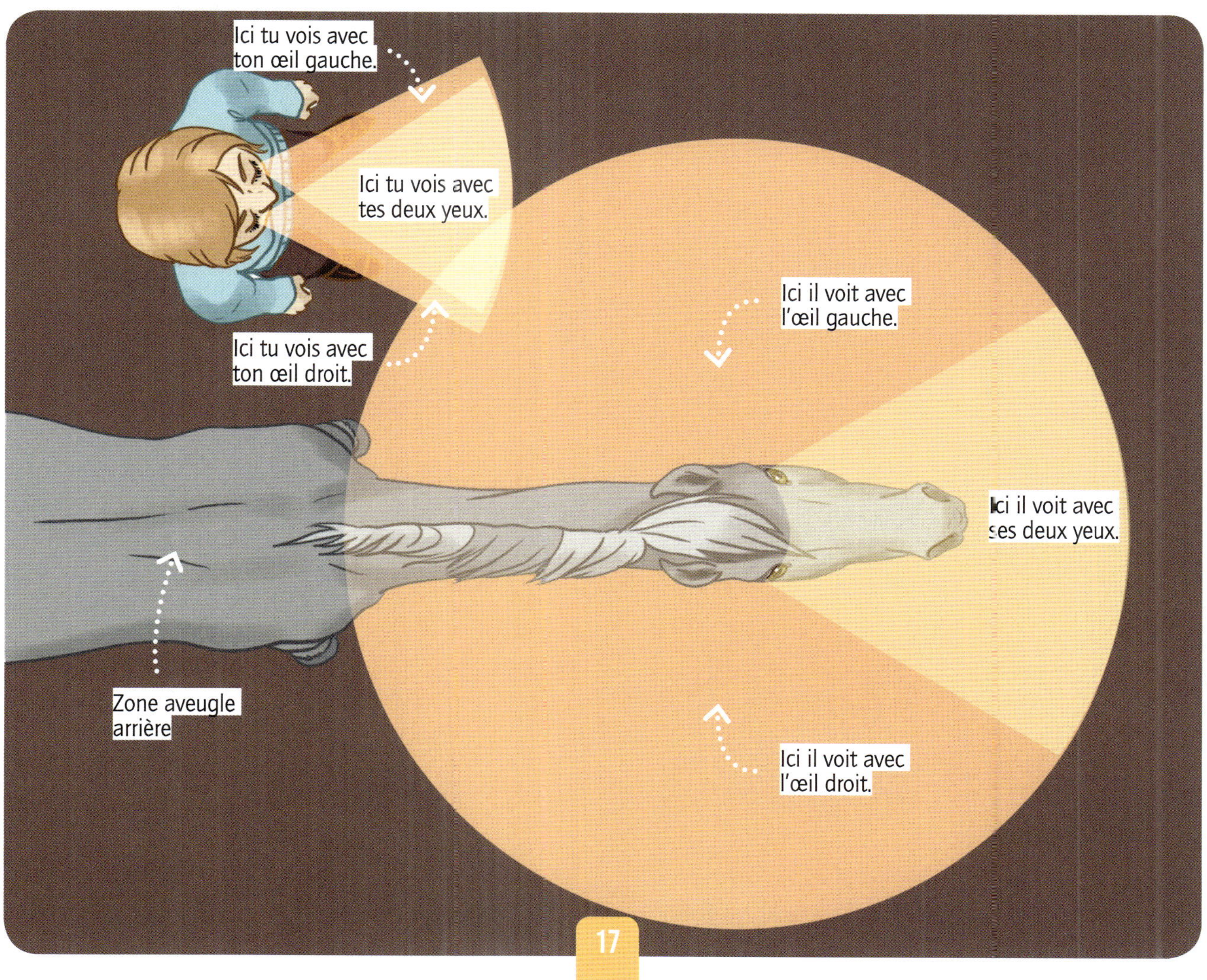

DE TOUTES LES COULEURS

On appelle robe l'ensemble des couleurs du poil et des crins des chevaux. Ces robes font l'objet d'une classification officielle qui les divise en quatre familles de base : l'alezan, le noir, le bai et les autres, qui comprennent le blanc, le crème, le gris et le chocolat.

LA ROBE ALEZANE

Les chevaux alezans ont les poils fauves, des crins fauves, la peau parfois assez claire, mais pas rose, et les yeux foncés. Il y en a de quatre types : l'alezan, l'alezan brûlé, le café au lait et le palomino.

LA ROBE BAIE

Les chevaux bais ont les poils fauves ou gris (des variantes sont possibles), les crins et les extrémités noires, la peau noire et les yeux foncés. Dans cette catégorie, on trouve le bai, l'isabelle et le souris.

LA ROBE NOIRE

Les chevaux noirs ont les poils noirs, les crins noirs, la peau noire et les yeux foncés. Il y en a de deux types : le noir et le noir pangaré, qui a des poils fauves sur les naseaux, les flancs, le ventre et l'intérieur des cuisses.

DES APPELLATIONS CONTRÔLÉES

La distinction entre les différentes robes de base se fait sur quatre critères : la couleur des poils, la couleur des extrémités (crinière, queue et bas des membres), la couleur de la peau (sur tout le corps), la couleur des yeux. Ces critères sont définis par l'IFCE (Institut Français du Cheval et de l'Équitation).

LA ROBE BLANCHE

Les chevaux à la robe blanche ont les poils et les crins blancs, la peau rose sur tout le corps et les yeux foncés. Leurs sabots sont clairs.

LA ROBE GRISE

Cette couleur de base va du gris très clair au gris très foncé. Ce type de robe s'éclaircit avec l'âge du cheval.

LA ROBE CRÈME

Le cheval à la robe crème a la peau rose, les yeux clairs, le pelage crème et la crinière blanche, voire grisâtre. Il n'en existe que deux types : le cremello, aux crins blancs, plus clairs que les poils, et le perlinc, aux crins grisâtres, plus foncés que les poils.

LA ROBE CHOCOLAT

Les chevaux à la robe chocolat ont les poils et les crins couleur chocolat noir, la peau et les yeux foncés.

LES PONEYS

Cheval ou poney? Selon les normes de la Fédération Équestre Internationale, tout cheval de moins de 1,48 m au garrot est un poney. La taille des chevaux et des poneys est extrêmement variable. Si certains, comme le shetland, mesurent moins de 1 m au garrot, d'autres peuvent dépasser 2 m.

LE SHETLAND

Parfois têtus et difficiles, les shetlands sont des compagnons extraordinaires s'ils sont correctement éduqués. Originaires d'îles battues par le vent au nord de l'Écosse, ils sont bâtis pour résister aux intempéries.

LE PONEY FRANÇAIS DE SELLE

Sa taille varie entre 1,25 m et 1,48 m. Mélange de plusieurs races de poneys français, il combine la rusticité du poney aux aptitudes sportives du cheval. Ses utilisations sont multiples : école, compétition, dressage, promenade et randonnée, attelage, course...

L'EMBARRAS DU CHOIX

La plupart des races de poneys se sont développées dans des régions où la nourriture était rare et le climat rigoureux ce qui les a rendus plus résistants que la plupart des chevaux.

LE CONNEMARA

Il est originaire d'une région de la côte ouest de l'Irlande qui lui a donné son nom. Très doué pour le saut, il est considéré comme le numéro un des poneys de sport. Il mesure de 1,28 m à 1,48 m. Il est endurant, intelligent et il a bon caractère.

LE HAFLINGER

Fils d'un étalon arabe, le premier étalon de la race est né près de Hafling, un village autrichien. Sa robe est toujours alezane avec des crins blonds. Il mesure entre 1,44 m et 1,49 m. Son pied très sûr en fait un randonneur hors pair.

LE FJORD

Originaire de Norvège, le fjord mesure de 1,30 m à 1,42 m. Sa robe est toujours isabelle et comporte une raie sombre qui part derrière les oreilles, passe sur le dos et se fond dans la queue. Robuste et fiable, il peut être monté ou attelé.

LE DARTMOOR

Ce poney plutôt petit (1,27 m au **garrot** maximum) est originaire du Dartmoor, au sud de l'Angleterre. Son bon caractère et ses qualités sportives en font le poney idéal pour les enfants et la famille

LES GRANDS SEIGNEURS

La France reconnaît vingt-cinq races de chevaux de sang et dix races de chevaux de trait. On monte sur les premiers et on attelle les seconds. Pour une même race, la couleur de la robe peut être variable ou précisément définie.

LE PUR-SANG ANGLAIS

Résultat du croisement de trois étalons orientaux à des juments anglaises, le pur-sang anglais a été sélectionné pour obtenir des chevaux de plus en plus rapides. Il domine les courses depuis la création de la race, au début du XVIIIe siècle. Il mesure 1,65 m au **garrot**.

LE SELLE FRANÇAIS

Résultat de croisements de pur-sang anglais et de juments normandes, le selle français est avant tout un cheval sportif. Il est souvent de grande taille (1,65 m à 1,70 m). Il est considéré comme l'un des meilleurs chevaux au monde pour les compétitions de saut d'obstacles et pour le concours complet, qui regroupe trois épreuves : le saut d'obstacles, le dressage et le cross.

L'ARABE

Utilisé par les tribus nomades du Proche et du Moyen-Orient, l'arabe est l'une des plus anciennes races de chevaux. Sa petite taille (en moyenne 1,48 m à 1,56 m au **garrot**) ne l'empêche pas d'être très endurant. Son domaine de prédilection est la course d'endurance.

L'APPALOOSA

Les ancêtres de l'appaloosa, comme tous les chevaux américains, ont été introduits sur ce continent par les **conquistadors**. Il mesure de 1,45 m à 1,65 m et est très endurant. On l'utilise pour l'équitation western, mais aussi classique.

L'ANGLO-ARABE

L'anglo-arabe, résultat du croisement de pur-sang anglais et de pur-sang arabes, possède la vitesse des premiers et la légèreté et l'endurance des seconds. Il a été créé dans le Sud-Ouest de la France. Il mesure 1,58 m à 1,65 m en moyenne. C'est un cheval sportif très doué pour le saut d'obstacles.

LE LIPIZZAN

Croisement de chevaux espagnols et arabes, le lipizzan doit son nom à un village de Slovénie où un haras avait été créé pour fournir des chevaux à l'École espagnole de Vienne. Il est de taille moyenne (1,55 m à 1,67 m). Sa robe, baie à la naissance, devient progressivement grise et tire vers le blanc à l'âge adulte.

POUR LE TRAVAIL ET POUR LE PLAISIR

Pendant longtemps, on a utilisé les chevaux les plus puissants et les plus résistants pour travailler. Ils étaient, par exemple, attelés pour tirer des charrettes, des diligences ou des charrues. Aujourd'hui, l'attelage est un sport équestre reconnu et on monte à cheval principalement pour le plaisir.

LE QUARTER HORSE

Les **colons** américains ont croisé leurs chevaux d'origine anglaise avec les descendants des chevaux des **conquistadors** pour obtenir cette race solide et rapide. Les cow-boys s'en servaient pour rassembler leurs troupeaux, mais aussi pour les rodéos. Il mesure de 1,50 m à 1,60 m.

LE FRISON

Originaire des Pays-Bas, le frison est l'une des plus anciennes races d'Europe. Il mesure en moyenne 1,60 m au **garrot**. Sa robe est uniformément noire et sa crinière luxuriante est ondulée. On l'emploie principalement à l'attelage.

L'AKHAL-TEKE

L'akhal-teke est une race très ancienne née en Asie centrale. Il mesure environ 1,50 m au **garrot**, et son poil est fin et soyeux. Il est utilisé dans toutes les disciplines olympiques et dans les spectacles équestres.

LE PERCHERON

Issu de chevaux normands et orientaux, le percheron est le cheval de trait le plus populaire au monde. Sa taille moyenne est de 1,68 m. Sa robe est grise ou noire. Il a de très bonnes aptitudes pour l'attelage.

LE COB NORMAND

Cheval de taille moyenne (1,60 m à 1,65 m), le cob est le fruit du croisement d'une jument de trait et d'un cheval de sang. Il peut être bai ou alezan. Il a servi aux travaux des champs jusqu'à ce que l'agriculture se mécanise dans les années 1960. Aujourd'hui, c'est le cheval d'attelage de loisir par excellence.

LE SHIRE

La taille moyenne du shire se situe entre 1,62 m et 1,72 m, mais certains peuvent dépasser 1,90 m. Docile et très facile à manier, on le surnomme «gentil géant». Il peut être bai, bai brun ou gris, mais le plus souvent noir. De longs **fanons** couvrent ses larges pieds. Il a été rendu célèbre par les brasseries anglaises qui s'en servaient pour livrer leur bière.

TROIS ALLURES, TROIS RYTHMES

Les chevaux se déplacent naturellement de trois façons différentes : le pas, le trot et le galop. Chaque allure a son rythme. Le pas est une allure à quatre temps, le trot à deux temps et le galop à trois temps, suivis d'un temps de suspension.

À QUELLE VITESSE ?

La vitesse à laquelle se déplace un cheval dépend de sa taille, de ses prédispositions naturelles et de son entraînement. On ne peut donc parler que de vitesse moyenne. Au pas, elle est de 4 à 8 km/h, au trot, elle varie de 12 à 15 km/h et va jusqu'à 50 km/h pour les trotteurs de course. Au galop, elle se situe entre 20 et 25 km/h avec des vitesses de pointe de 60 km/h, pouvant aller jusqu'à 70 km/h pour les champions.

LE PAS : QUATRE TEMPS

Le pas est la « marche à pied » du cheval, celle du calme et de la détente. Quand il marche au pas sur un sol dur, on entend quatre sons bien distincts et réguliers qui correspondent au bruit de chaque pied se posant alternativement sur le sol. Au pas, le cheval a toujours trois pieds au sol et un pied en l'air. C'est une allure symétrique du point de vue de la position des membres.

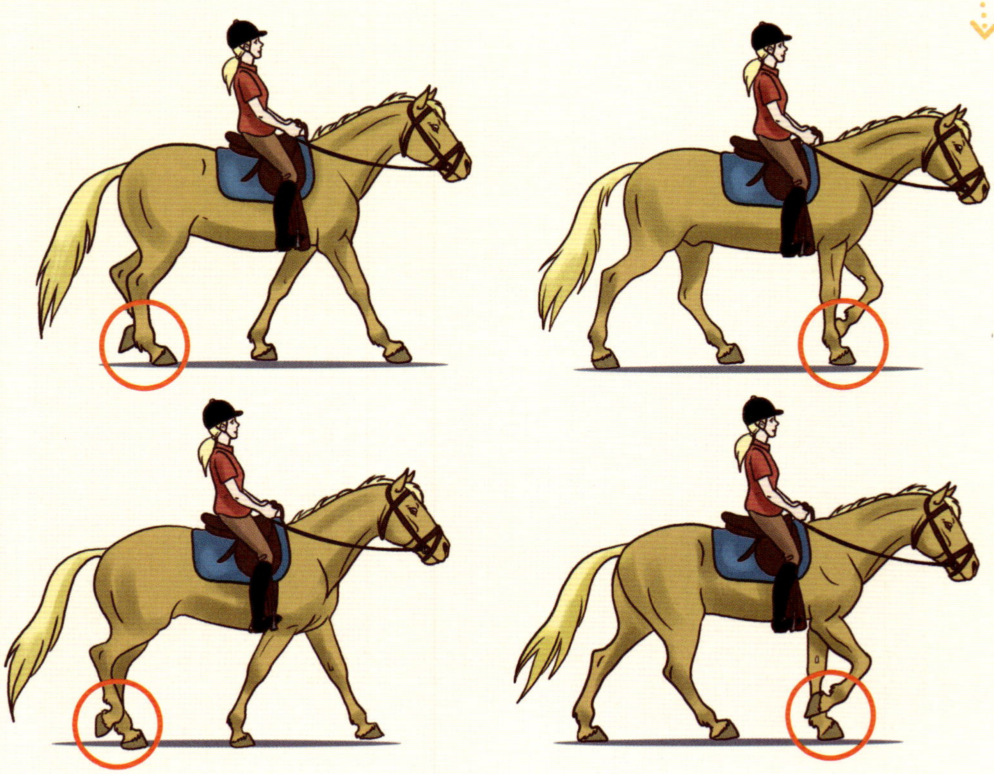

LE TROT : DEUX TEMPS

Quand le cheval trotte, il avance alternativement deux membres sur le sol (① et ③). On dit qu'il est en suspension ② quand aucun de ses pieds ne repose sur le sol. Le trot est une allure sautée symétrique.

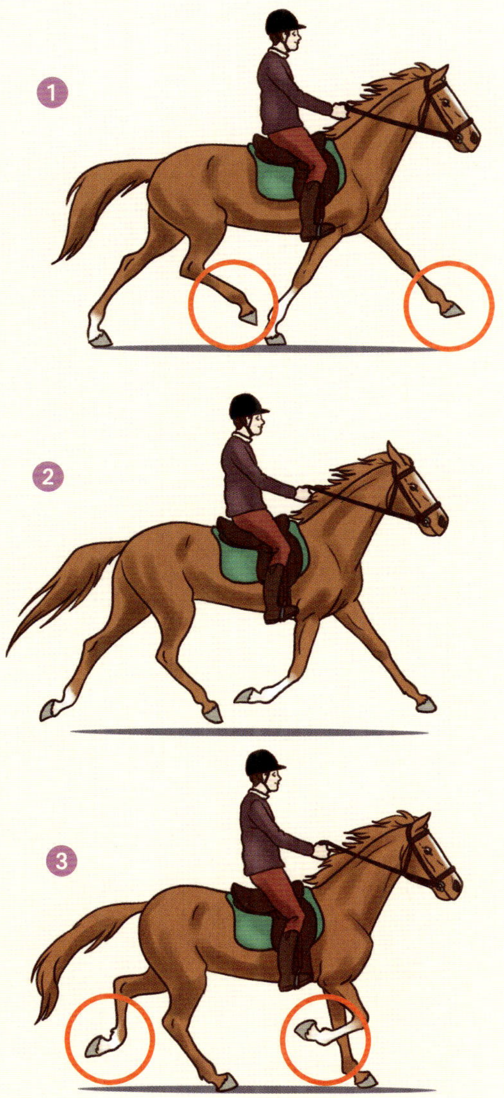

TESTER SON SAVOIR

Les examens que passent les cavaliers pour évaluer leurs connaissances portent le nom d'une de ces allures. Ce sont les galops. Les galops 1 à 7 s'adressent aux enfants à partir de dix ans, les galops 8 à 9 concernent les cavaliers plus âgés et les disciplines spécialisées.

LE GALOP : TROIS TEMPS

Le galop est l'allure la plus rapide. Le cheval pose d'abord un de ses postérieurs ①, puis deux membres opposés ②, puis l'antérieur opposé ③. Ensuite, aucun pied ne touche le sol ④, c'est le temps de suspension. Sur ce dessin, le cheval a d'abord posé le postérieur droit, on dit qu'il galope à droite. S'il galope à gauche, l'ordre des postérieurs est inversé puisqu'il a d'abord posé le postérieur gauche. Le galop est une allure sautée asymétrique.

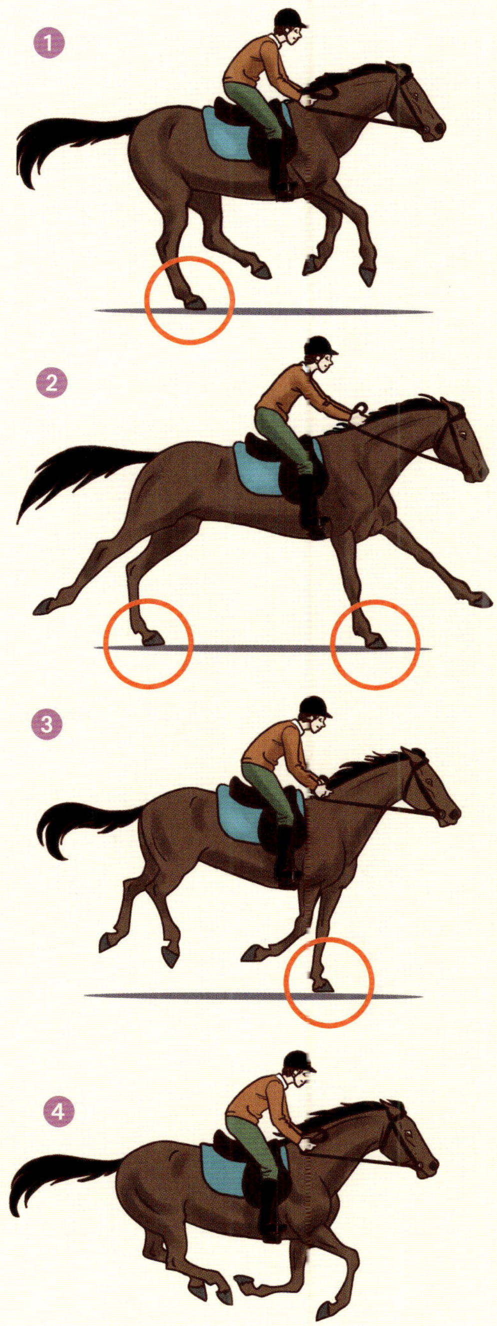

EN SELLE !

C'est en lui mettant la selle et le filet que le cavalier crée des liens avec son cheval. Encore faut-il bien connaître le nom mais aussi l'usage de toutes les parties du harnachement. Il est également nécessaire d'être soi-même équipé correctement.

UNE LONGUE HISTOIRE

Après avoir domestiqué les chevaux pour se nourrir de leur viande et de leur lait, les hommes les ont utilisés pour le travail, pour se déplacer et pour faire la guerre. En fonction de l'usage qu'ils en faisaient, ils ont créé les éléments du harnachement. Il existe ainsi des dizaines de variétés de mors, d'étriers et un nombre impressionnant de types de selles : de jockey, de dressage, de randonnée...
La selle se place sur le dos du cheval et assure une bonne assise au cavalier, les étriers soutiennent ses pieds. Le filet permet de maintenir le mors en place dans la bouche du cheval, afin de le guider.

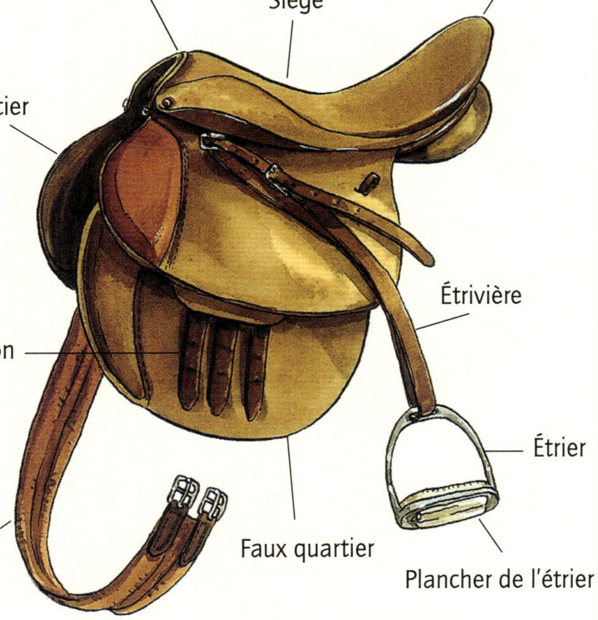

La selle peut être différente selon le type d'équitation pratiquée.

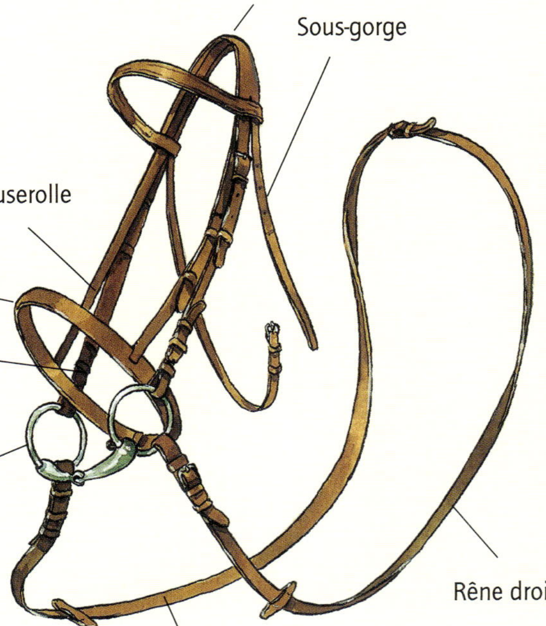

Le filet est aussi appelé bridon.

COMMENT BIEN HARNACHER UN CHEVAL ?

❶ Après avoir bien ajusté le tapis de selle en avant vers le **garrot**, on pose délicatement la selle dessus.

❷ On passe à droite du cheval pour faire descendre la sangle, puis à gauche pour l'attacher. On fait descendre les étriers.

❸ Placé contre l'encolure, on passe les rênes au-dessus de celle-ci, puis on ouvre doucement la bouche du cheval pour introduire le mors.

❹ On dégage le **toupet** du front avant d'attacher toutes les boucles et les passants.

SÉCURITÉ ET CONFORT

La tenue d'équitation a plusieurs objectifs. Le casque ou la bombe bien ajustés à la tête et sanglés protègent le crâne et la nuque. Ils sont obligatoires pour toute activité équestre. Le buste peut être protégé par un protège-dos, pas obligatoire mais fortement recommandé. La culotte d'équitation est faite pour le confort, elle n'est obligatoire que pour les compétitions. Les bottes (en cuir ou en caoutchouc) ou les bottines sont indispensables, car elles empêchent le pied de passer à travers l'étrier.

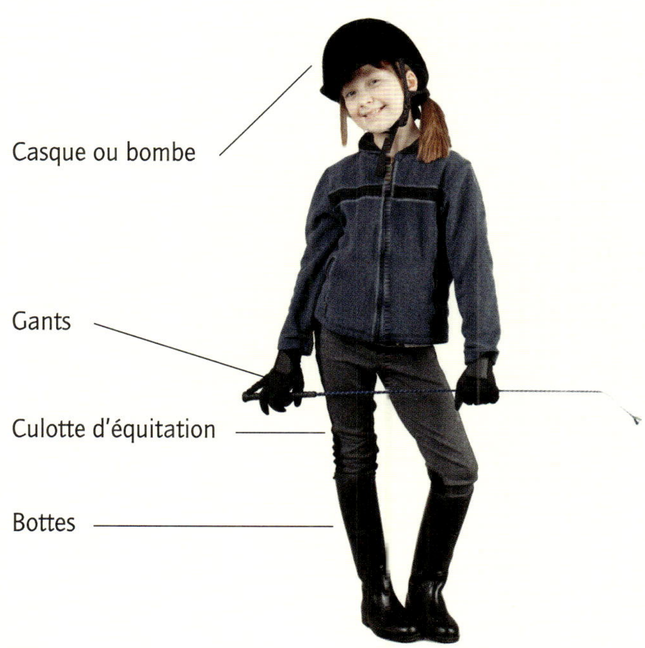

LES BONS GESTES

Le cheval n'est pas un vélo, on ne l'enfourche et on n'en descend pas n'importe comment. Il est impératif de respecter scrupuleusement les différentes étapes. C'est peut-être un peu compliqué et fastidieux au début, mais très vite, ces gestes deviennent complètement naturels.

AVANT DE MONTER

On doit se livrer à quelques vérifications. Pour que la selle ne tourne pas au moment où l'on va s'asseoir dessus, on la ressangle d'un ou deux trous. On règle les étrivières (voir page 28) : le plancher de l'étrier doit buter sous l'aisselle du cavalier quand il place son poing sous le petit quartier de la selle, là où les étrivières sont attachées. La longueur de l'étrivière plus celle de l'étrier doivent être égales à la longueur du bras du cavalier. On vérifie que les deux étriers sont à la même hauteur en se plaçant face au cheval. On ajuste les rênes.

POURQUOI MONTE-T-ON TOUJOURS À GAUCHE ?

Pendant longtemps, ce sont les chevaliers et militaires qui montaient à cheval. Ils portaient leur épée ou sabre sur le côté gauche et ne pouvaient donc pas enfourcher le cheval par la droite. Par ailleurs, le fait de monter toujours du même côté tranquillise le cheval.

MONTER...

On prend les rênes dans la main gauche que l'on pose sur le pommeau de la selle. On chausse l'étrier gauche, on attrape le troussequin (voir page 28) avec la main droite et on pousse sur les jambes. On passe la jambe droite au-dessus de la croupe du cheval et on s'assoit délicatement.

... ET DESCENDRE

On prend les rênes dans la main gauche et on déchausse les deux étriers. On appuie les deux mains au niveau du **garrot**, on passe la jambe droite par-dessus la croupe du cheval et on met pied à terre sans lâcher les rênes.

DÉMARRER, TOURNER, S'ARRÊTER

Pour faire avancer un cheval à partir de l'arrêt, on doit ouvrir un peu les doigts sur les rênes et exercer une légère pression avec les jambes. Pour le faire tourner, on se sert des rênes et du poids du corps. Pour aller à gauche, on tend la rêne gauche tout en relâchant un peu la rêne droite et en portant le poids du corps sur la gauche. Pour aller à droite, cn fait l'inverse. Pour s'arrêter, il faut redresser son dos et tendre les rênes.

FAIRE CORPS AVEC SA MONTURE

Les bras à demi pliés, les coudes le long du corps, les pieds enfoncés au tiers dans les étriers, les talons bien bas et les jambes légèrement fléchies, cette position permet de s'adapter parfaitement à tous les mouvements du cheval et c'est ainsi que l'on fait corps avec sa monture.

COMMUNIQUER AVEC LE CHEVAL

Ce que l'on appelle les aides sont les moyens de faire comprendre au cheval ce que l'on attend de lui.
Les aides naturelles sont les jambes, les mains, l'assiette (voir encadré en bas de page) et la voix.
Les jambes établissent un contact direct et précis avec le cheval et déclenchent son avancée. La voix sert à l'encourager et à l'apaiser. Les aides artificielles sont la cravache et les éperons.

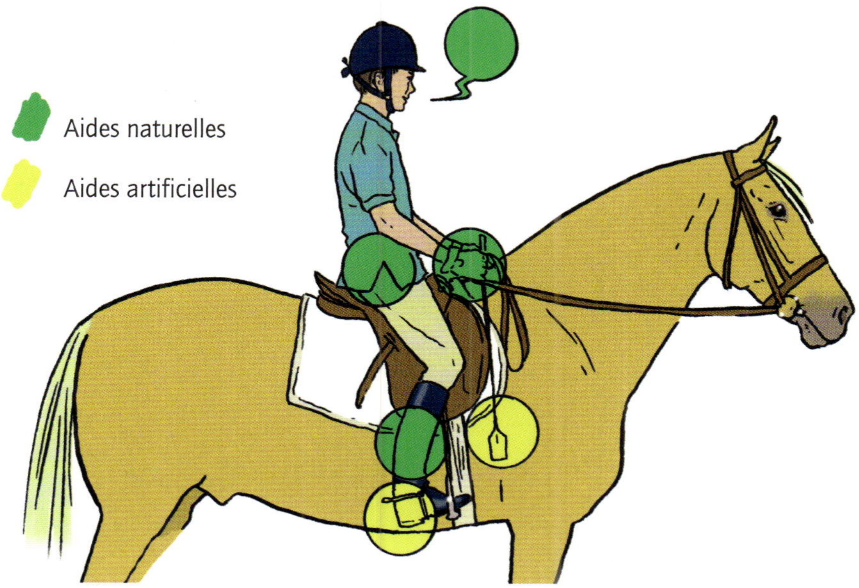

DES RÊNES BIEN EN MAIN

Les rênes sont le lien direct entre la main et la bouche du cheval. Les mains servent à diriger le cheval, à affiner les demandes des jambes et à contrôler la vitesse. Les rênes doivent être tenues avec douceur, passées entre le pouce et l'index, les ongles des pouces vers le haut. Les mains doivent être posées juste au-dessus de l'encolure. L'avant-bras, le poignet et la rêne doivent être dans un alignement parfait.

LE SAIS-TU ?

Ce que l'on appelle l'assiette est la façon de s'asseoir et de répartir son poids dans la selle pour amortir, accompagner et contrôler le mouvement du cheval Une bonne assiette est indispensable pour assurer la relaxation, l'aisance et l'efficacité. Quelles que soient les circonstances et les réactions du cheval, elle permet au cavalier de demeurer maître de son équilibre.

À MANIER AVEC PRÉCAUTION

La cravache et les éperons renforcent ou précisent l'action des aides naturelles, en particulier des jambes. Mais avec la cravache, on ne doit rien faire de plus que donner un petit coup plus ou moins sec si le cheval n'a pas bien répondu à une demande, ou faire un ou deux claquements francs s'il n'a pas obéi. Les éperons, ils sont réservés aux cavaliers ayant un bon niveau de dressage.

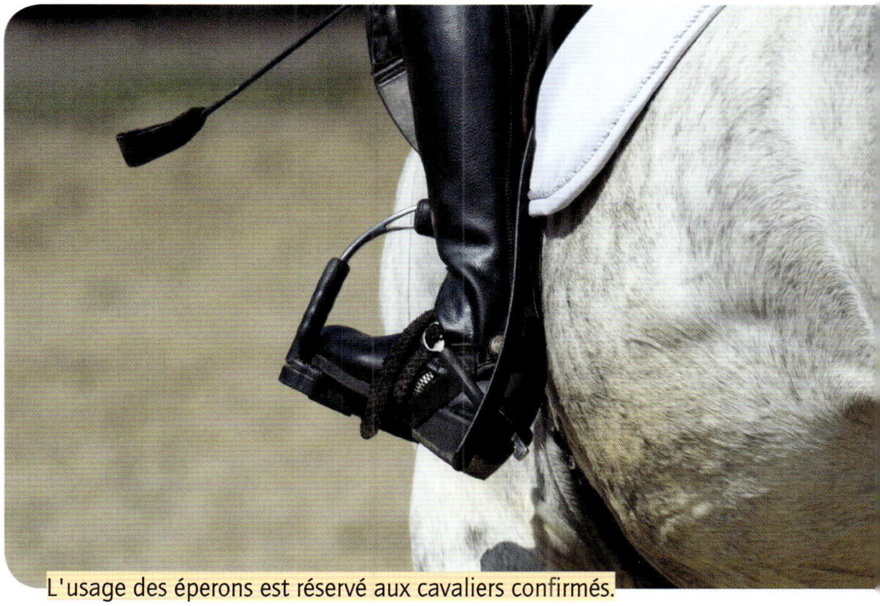

L'usage des éperons est réservé aux cavaliers confirmés.

LE PANSAGE

Même si le cheval ne travaille pas, il a besoin d'une toilette quotidienne. On appelle « pansage » le fait de prendre soin d'un cheval par diverses actions, en le brossant et en le nettoyant. C'est un moment idéal pour nouer des liens très forts avec lui, et pour que le cavalier affirme son autorité. Les chevaux aiment être brossés, caressés et qu'on leur parle.

1. SUR LA CROUPE, LE POITRAIL ET L'ENCOLURE

On commence toujours par l'étrille qui sert à débarrasser le poil du cheval des saletés et de la poussière. On la passe d'abord en rond, puis dans le sens du poil.

LE MATÉRIEL INDISPENSABLE

- *Étrille*
- *Brosse dure ou bouchon*
- *Brosse douce*
- *Cure-pied*
- *Éponge*
- *Peigne*

2. LE CORPS ET LES MEMBRES

Ensuite, avec la brosse dure, ou bouchon, on brosse la tête, la robe dans le sens du poil, puis les membres, toujours de haut en bas. Cette brosse permet de nettoyer les parties osseuses, bien trop fragiles pour être nettoyées avec l'étrille.

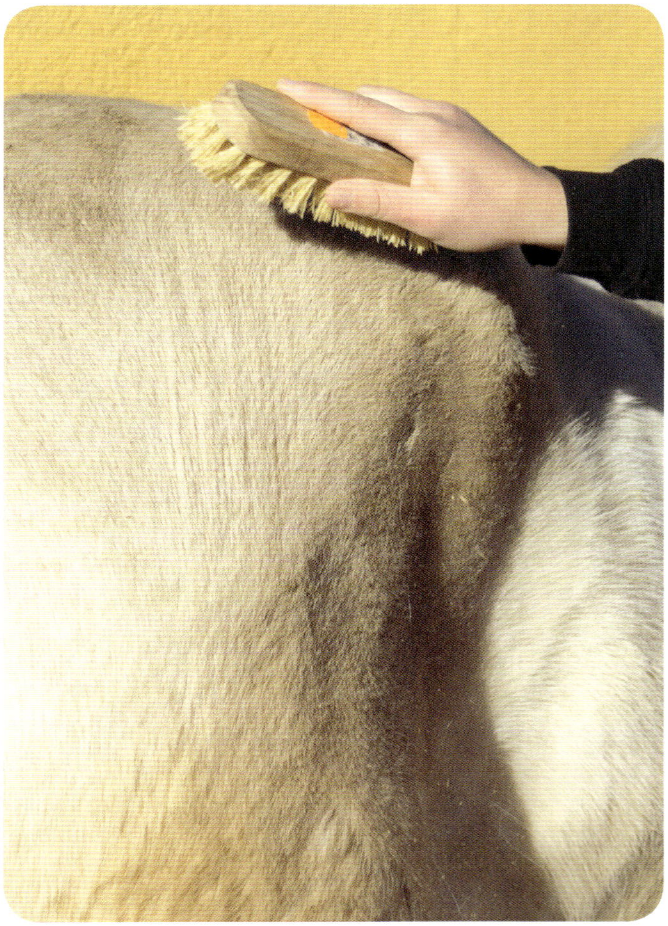

3. POUR FAIRE BRILLER LE POIL

La brosse douce se passe quand le poil est propre, d'abord une fois à rebrousse-poil, puis une fois dans le sens du poil pour bien le lustrer. On élimine les poils qui restent accrochés sur la brosse en la frottant sur une étrille.

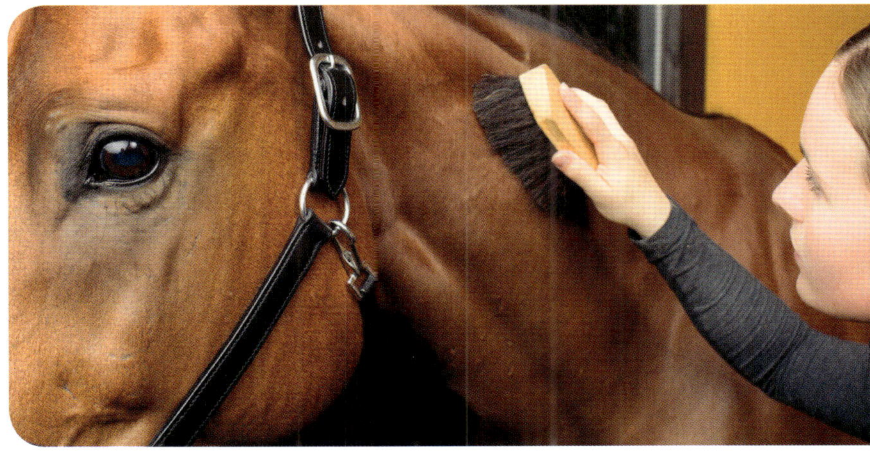

4. LA CRINIÈRE ET LA QUEUE

Les crins sont les longs poils qui composent la crinière, la queue et le **toupet** du cheval. Extrêmement utiles, ils lui permettent de chasser les mouches, taons et autres insectes de son corps et de celui de ses compagnons. On peut démêler les crins avec une brosse pour en défaire les nœuds avant de les brosser avec le peigne toujours dans le sens des crins.

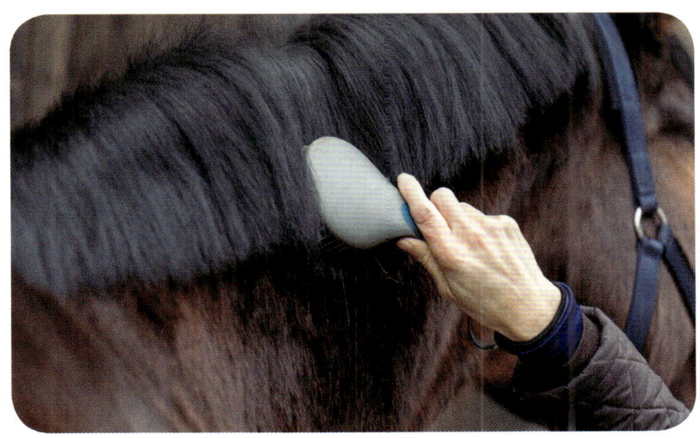

5. YEUX, BOUCHE, NASEAUX

On nettoie, dans l'ordre, les coins des yeux, les coins de la bouche et l'ouverture des naseaux en prenant soin de rincer abondamment l'éponge entre chaque partie. Elle doit toujours être humide et désinfectée régulièrement.

AUX PETITS SOINS

Il est aussi nécessaire de curer les pieds de sa monture (voir p. 13). Cela peut se faire à n'importe quel moment. Il faut toujours prévenir le cheval par une caresse appuyée sur la partie que l'on s'apprête à nettoyer et profiter du pansage pour vérifier qu'il n'ait pas d'éventuelles blessures.

AU PRÉ OU AU BOX ?

Les chevaux domestiques ne peuvent plus se débrouiller seuls dans la nature. Le pré doit être soigneusement aménagé pour qu'ils s'y sentent bien. Le box doit être confortable. Par ailleurs, il est important de mettre le cheval au pré au moins une fois par jour ou de l'emmener se détendre dans un espace clôturé appelé paddock.

DANS LE PRÉ

1 L'abreuvoir. Le cheval boit en moyenne 50 litres par jour selon sa taille, les saisons, les efforts qu'il fournit... Il faut donc vérifier le contenu de l'abreuvoir et changer l'eau régulièrement.

2 Le sol. Il ne doit être ni trop caillouteux, ni trop humide et sans trous pour que le cheval ne se torde pas les pieds.

3 Le râtelier. Quand il n'y a plus assez d'herbe fraîche dans le pré, on met du foin dans le râtelier.

4 L'herbe. Il faut se méfier de l'herbe nouvelle du printemps : la consommation des petites pointes fraîches peut entraîner des maladies graves. Il faut donc réduire la taille du pré en début de saison.

5 L'abri. Il protège du vent et de la pluie et procure de l'ombre.

6 La clôture. Des haies renforcées ou des barrières en bois peuvent dissuader les chevaux de s'échapper. La clôture électrique est cependant la meilleure solution.

DANS UN BOX

❶ Le râtelier à foin. Le cheval mange à heure fixe. Sa ration de foin journalière est déposée dans le râtelier, les grains ou les granulés complémentaires lui sont apportés en deux ou trois fois.
❷ L'abreuvoir. On vérifie que le cheval a toujours largement à boire.
❸ La porte. Elle est à deux battants pour qu'on puisse laisser la partie supérieure ouverte et que le cheval passe la tête et regarde ce qui se passe à l'extérieur.
❹ La litière. C'est une couche de paille et de copeaux faite pour absorber les déjections du cheval et lui servir de tapis. Chaque jour, on retire les crottins et on dispose de la paille fraîche. Une fois par semaine, on retire toute la paille, on frotte, on lave le sol et on met de la paille fraiche.

LES CHEVAUX DANS L'HISTOIRE

Le cheval est longtemps resté un gibier que l'on chassait pour se nourrir. Les humains ont d'abord domestiqué les chiens, puis les moutons, les porcs, les chèvres, les vaches, les ânes et enfin les chevaux, il y a seulement 5 500 ans.

ŒUVRES D'ART

La grotte Chauvet en Ardèche est l'une des plus anciennes grottes ornées au monde. Il y a plus de 30 000 ans, des humains ont peint des centaines d'animaux sur ses parois. Ils ont représenté les différentes espèces qui les entouraient. Des félins, des mammouths, des rhinocéros, des bisons, des bouquetins, des ours, des rennes, des **aurochs** et... des chevaux.

Peintures rupestres sur les murs de la grotte Chauvet

Henri IV et son célèbre cheval

ÉTAIT-IL BLANC ?

En fait, les chevaux que montait Henri IV étaient toujours des barbes à la robe blanche ou crème. Il semble que celui qu'il a chevauché le plus se nommait Albe. Ce mot signifiant blanc, on a alors dit que le cheval Albe était le cheval blanc du roi. De là, cette question absurde : de quelle couleur était le cheval blanc d'Henri IV?

UN CHEVAL DE BATAILLE

Napoléon Ier possédait plus de 130 chevaux. On dit que Marengo était son préféré et qu'il a servi de modèle au peintre David pour ce tableau. On dit aussi qu'il a été baptisé ainsi parce que Napoléon le chevauchait lorsqu'il a gagné la bataille de Marengo. Il aurait aussi été présent lors des batailles d'Austerlitz, de Iéna et de Wagram. C'était un entier arabe à la robe gris clair.

LE CHEVAL DANS NOTRE LANGUE

On ne compte pas le nombre d'expressions où le cheval sert à exprimer une idée. Du « remède de cheval » (un remède extrêmement efficace) qui soigne une « fièvre de cheval » (une forte fièvre), à l'expression « ne pas se trouver sous les pas d'un cheval » (être très difficile à trouver), en passant par cette façon de dire qu'on est très en colère : « monter sur ses grands chevaux », ou de décrire un sujet dont on parle sans cesse comme un « cheval de bataille ».

COW-BOYS ET AUTRES CAVALIERS

Les cow-boys américains comme les gardians de Camargue ou les gauchos argentins chevauchent leurs montures pour garder, rassembler ou trier leur troupeau. Montés sur leurs chevaux, les humains ont fait la guerre, voyagé à travers le monde et, jusqu'à aujourd'hui, ils partagent avec eux de multiples activités.

UN PAYS PASSIONNÉ

Les *horse shows* et les *pony games*, manifestations hippiques qui se déroulent partout en Angleterre, reflètent la passion de ce pays pour les chevaux. Tout comme le spectacle équestre Trooping the Colour, qui célèbre tous les ans l'anniversaire de la reine et auquel assistent des milliers de spectateurs. Les Royal Horse Guards sont l'un des trois derniers régiments de cavalerie britannique.

FÊTE ET COMPÉTITION

Le rodéo commence par un défilé de cavaliers et se poursuit par des épreuves diverses comme la monte de chevaux ou de taureaux sauvages, des concours de lasso... La selle western comporte un pommeau pour y accrocher le lasso. Cette selle est large, car elle devait assurer le confort des cow-boys qui chevauchaient des journées entières.

QUESTION D'ÉQUILIBRE

Les Csikos hongrois, gardiens de troupeaux de bœufs et de moutons, ont acquis au cours des siècles une habileté qui leur permet de mener plusieurs chevaux en se tenant sur leurs croupes. Ils sont aussi des as du dressage et obtiennent tout de leur cheval : ils le font s'asseoir, se coucher de tout son long et prendre toutes sortes de postures alors qu'ils n'ont comme harnachement que leurs guides !

QUE LE MEILLEUR GAGNE !

Dans l'Antiquité, les Romains assistaient à des courses de chars. Certains disent qu'ils misaient de l'argent sur les chevaux qu'ils espéraient voir arriver les premiers. Aujourd'hui, les courses de trot, de trot attelé, de galop, d'obstacles... se déroulent sur les hippodromes. Les parieurs sont appelés turfistes, et escomptent bien que leur champion gagne la course.

LES STARS

Au cirque, au cinéma, dans les dessins animés, les romans et les bandes dessinées, les chevaux sont incontournables. Ils peuplent l'imaginaire pour le bonheur des petits et des grands.

LES CHEVAUX AU CINÉMA

Les chevaux sont les vedettes de centaines de films. De *Zorro* à *Jappeloup* en passant par *Crin-Blanc* ou La *Chevauchée sauvage*, ils crèvent l'écran. Les dessins animés ne sont pas en reste et particulièrement les films Disney où ils sont nombreux. On retrouve Frou-Frou, l'élégante jument des *Aristochats*, ou Maximus, le cheval du capitaine de la garde dans *Raiponce*.

Yakari et son mustang Petit Tonnerre

Zorro sur son étalon noir, Tornado

AU FIL DES PAGES

On rencontre des chevaux dans les pages des romans depuis bien longtemps : Rossinante dans *Don Quichotte* de Cervantès, Flicka dans *Mon amie Flicka* de Mary O'Hara, Gripoil dans le *Seigneur des anneaux* de Tolkien... Ils sont aussi des personnages de bandes dessinées, comme notre ami Jolly Jumper ou le sympathique Petit Tonnerre de Yakari, et de mangas où ils ont parfois des ailes.

DE SACRÉS CASCADEURS

Ils franchissent des barrières de feu, sautent dans le vide, plongent dans des torrents, combattent... Les chevaux font au cinéma les cascades les plus spectaculaires, mais aussi les plus dangereuses. Depuis 1950, ils sont protégés et leur utilisation est réglementée. On les prépare et on les dresse comme de vrais acteurs pour qu'ils puissent réaliser des prouesses sans se blesser ni mettre leur vie en danger.

QUIZ

À toi de trouver les bonnes réponses à ces questions.
Un indice : elles sont toutes dans le livre !

1. Le plus ancien de tous les ancêtres des chevaux a fait son apparition sur la Terre :
- A. En même temps que les dinosaures
- B. Après la disparition des dinosaures
- C. Avant l'apparition des dinosaures

2. La famille des descendants d'*Equus* comprend les chevaux, les ânes et les zèbres.
- A. Vrai
- B. Faux

7. Il faut couper les vibrisses du cheval très souvent.
- A. Vrai
- B. Faux

8. Les quatre familles de base des robes des chevaux sont :
- A. L'alezan, le noir, le bai et les robes « autres »
- B. Le noir, le blanc, le gris et le crème
- C. L'alezan, le noir, le bai et le chocolat

9. Le Connemara est un poney originaire :
- A. D'Écosse
- B. D'Irlande
- C. De Norvège

10. Le quarter horse est :
- A. Le cheval des conquistadors
- B. Le cheval des cow-boys
- C. Le cheval des gardians

15. Dans quel ordre utilise-t-on ces accessoires de pansage ?
- A. La brosse dure
- B. L'étrille
- C. La brosse douce

16. Un cheval au box n'a jamais besoin de sortir.
- A. Vrai
- B. Faux

17. Le cheval préféré de Napoléon 1er s'appelait :
- A. Marengo
- B. Iéna
- C. Wagram

18. On dit qu'on « monte sur ses grands chevaux » quand :
- A. On n'en a pas de petits
- B. Quand on est très en colère
- C. Quand on a peur

3. On appelle foal :

A. Un poulain de plus d'un an
B. Un poulain un peu fou
C. Un poulain de moins d'un an

4. Le cheval n'a pas de pattes mais des jambes.

A. Vrai
B. Faux

5. Le sabot du cheval pousse d'environ :

A. 1 cm par mois
B. 2 cm par mois
C. 3 cm par mois

6. Un animal grégaire est un animal :

A. Qui vient de Grèce
B. Qui vit en groupe
C. Qui aime vivre seul

11. Le pas est une allure à :

A. Deux temps
B. Trois temps
C. Quatre temps

12. Quel accessoire est obligatoire pour toute activité équestre ?

A. La culotte de cheval
B. La bombe ou le casque
C. Le protège-dos

13. Pourquoi monte-t-on toujours à gauche ?

A. Parce que les chevaliers portaient leur épée à gauche, et ne pouvaient donc pas enfourcher le cheval par la droite.
B. Parce que les premiers cavaliers étaient tous droitiers
C. Parce qu'il faut bien choisir un côté

14. Un cavalier qui a une bonne assiette est un cavalier :

A. Qui a bon appétit
B. Qui a une bonne position en selle
C. Qui aime la faïence

19. Les turfistes sont :

A. Les personnes qui parient sur les champs de courses
B. Les personnes qui montent les chevaux de course
C. Les chevaux qui participent à des courses

20. Tornado est la monture de :

A. Yakari
B. Don Quichotte
C. Zorro

SOLUTIONS

1. B - **2.** A - **3.** C - **4.** A - **5.** A - **6.** B -
7. B - **8.** A - **9.** B - **10.** B - **11.** C -
12. B - **13.** A - **14.** B - **15.** B, A, C - **16.** B -
17. A - **18.** B - **19.** A - **20.** C

LEXIQUE

Auroch
Espèce disparue de bovidé, ancêtre des races actuelles de bovins domestiques.

Carnivore
Se dit d'une espèce qui se nourrit de chair animale.

Colons
Personnes qui sont allées peupler, exploiter une colonie ; habitant(es) d'une colonie, un territoire établi dans un autre pays.

Conquistadors
Les conquistadors sont des explorateurs, des chefs d'expédition et leurs soldats, qui ont exploré puis conquis le Nouveau Monde (c'est à dire l'Amérique) du XVe au XVIe siècle.

Fanons
Les fanons sont des poils rigides situés au-dessus du sabot et derrière le pied d'un mammifère ongulé, comme le cheval.

Garrot
Chez les quadrupèdes, c'est la zone du corps située à la jonction du coup et du dos. La « hauteur au garrot » est le standard de taille des chevaux.

Grégaire
Se dit d'un animal qui vit en troupeau ou en groupe.

Herbivore
Se dit d'un animal qui se nourrit exclusivement de végétaux.

Homologuer
Reconnaître, déclarer quelque chose conforme aux règlements en vigueur, à certaines normes.

Mammifère
Les mammifères sont des d'animaux dont la caractéristique principale est que les femelles possèdent des mamelles et nourrissent les petits avec le lait qu'elles produisent.

Papilles gustatives
Petites excroissances présentes sur l'ensemble de la langue qui permettent la reconnaissance des saveurs.

Ruminant
On appelle ruminant un animal herbivore qui régurgite sa nourriture pour la mâcher une seconde fois. C'est aussi un mammifère aux multiples estomacs, comme la vache.

Toupet
Touffe de crins située à l'extrémité supérieure de la crinière du cheval et retombant sur le front.

INDEX

CRÉDITS ICONOGRAPHIQUES

p. 3 : Julia Remezova / Shutterstock – **p. 4-5 :** I. Mandrou – **p. 6 :** Yerbolat Shadrakhiv / Shutterstock – **p. 7, haut gauche :** Nicolette_Wollentin / Shutterstock ; **haut droite :** Volodymyr Burdiak / Shutterstock ; **bas :** Sergei25 / Shutterstock – **p. 8, gauche :** Alla-Berlezoza / Shutterstock ; **droite :** Iuliia Khabibullia / Shutterstock – **p. 9 :** Erica Hollingshead / Shutterstock – **p. 10 :** Viktoriia Bondarenko / Shutterstock – **p. 11 :** zelena / Shutterstock – **p.12 :** Alex Emanuel Koch / Shutterstock – **p. 13 :** groomy / Shutterstock – **p. 14-15, pleine page :** Olga Rudchenko / Shutterstock ; **droite :** I. Mandrou – **p. 16, gauche :** PhotographyByMK / Shutterstock ; **droite :** nigel baker photography – **p. 17, haut :** LieneMinovich / Shutterstock ; **bas :** I. Mandrou – **p. 18, haut :** OlesyaNickolaeva / Shutterstock ; **droite :** anjajuli / Shutterstock ; **bas :** Vera Zinkova / Shutterstock – **p. 19, haut gauche :** ventdusud / Shutterstock ; **haut droite :** Anastasia Vetkovskaya / Shutterstock ; **bas gauche :** Natalia Zhurbina / Shutterstock ; **bas droite :** Kwadrat / Shutterstock – **p. 20, gauche :** slowmotiongli / Shutterstock ; **droite :** Rita_Kochmarjova / Shutterstock – **p. 21, haut gauche :** Bildagentur Zoonar GmbH / Shutterstock ; **haut droite :** Vera Zinkova / Shutterstock ; **bas gauche :** aurelie le moigne / Shutterstock ; **bas droite :** Daniel Gale / Shutterstock – **p. 22, gauche :** Lenkadan / Shutterstock ; **droite :** Claudius Thiriet / Biosphoto – **p. 23, haut gauche :** ashkabe / Shutterstock ; **haut droite :** Makarova Viktoria / Shutterstock ; **bas gauche :** slowmotiongli / Shutterstock ; **bas droite :** Rita_Kochmarjova / Shutterstock – **p. 24, gauche :** olgaru79 / Shutterstock ; **droite :** jacotakepics / Shutterstock – **p. 25, haut gauche :** arthorse / Shutterstock ; **haut droite :** Vincent M. & E. Studler / Biosphoto ; **bas gauche :** Shutterstock ; **bas droite :** Alla-Berlezoza / Shutterstock – **p. 26-27 :** I. Mandrou – **p. 28 :** S. Gangloff – **p. 29, haut :** I. Mandrou ; **bas :** Ewa Studio / Shutterstock – **p. 30, gauche :** kontrymphoto / Shutterstock ; **droite :** I. Mandrou – **p. 31 :** Alexia Kruscheva / Shutterstock – **p. 32 :** Wallenrock / Shutterstock – **p. 33, haut gauche :** nullplus / Shutterstock ; **haut droite :** I. Mandrou ; **bas :** Labrador Photo Video / Shutterstock – **p. 34, gauche :** marikond / Shutterstock ; **droite :** mlsphotography / Shutterstock – **p. 35, gauche :** AnnaElizabeth photography / Shutterstock ; **haut droite :** Jari Hindstroem / Shutterstock ; **bas droite :** bmf-foto.de / Shutterstock – **p. 36-37 :** I. Mandrou – **p. 38, gauche :** Javier Trueba / MSF / SPL – Science Photo Library / Biosphoto ; **droite :** Aisa / Leemage – **p. 39 :** Josse / Leemage – **p. 40 :** lonndubh / Shutterstock – **p. 41, haut :** PROMA1 / Shutterstock ; **milieu :** bjonesphotography / Shutterstock ; **bas :** Vladimir Hodac / Shutterstock – **p. 42 :** Slava Samusevich / Shutterstock – **p. 43, haut :** Derib, Job / Le Lombard (Dargaud-Lombard s.a.), 2018 ; **bas :** BCA / Rue des archives